僕らの世界の歩き方

国際機関職員の夫婦が
暮らしと旅で見つけた
本当の美しさと豊かさ

まるたび夫婦の休暇

はじめに

まだ訪れたことがない世界の国について
みなさんはどんな印象を持っていますか?

私たちは夫婦ともに国際機関に勤めており、
世界中の様々な国や地域で暮らし、仕事をする機会に恵まれています。
その中でたくさんの美しい景色に出会い、
そこで暮らす人々それぞれに温かい物語があることを知りました。

また、休暇になると近隣の国を中心に、夫婦で世界中を旅してきました。
そして思うのは、やっぱり世界は美しいということです。

日々の生活や旅で出会う人々の笑顔や優しさ、
それまで知らなかった文化や歴史、土地に根差したおいしい食べ物。
実際に自分たちの足で歩き回って、目で見て、
大切な人と経験を共有しながら過ごす時間はかけがえのないもので、
本業の国際機関職員として見る時とはまた違った角度から
世界を見ることができています。

本書では、これまで訪れた場所の中から、
特に思い入れが深いものを厳選して紹介しています。
それぞれの写真は、現地での感動やわくわくした気持ちを込めて現像しました。
ページをめくるたびに、まるで私たちと一緒に旅行しているかのように
楽しんでもらえたら嬉しいです。

CONTENTS

古代遺跡、
魔法の世界のようなバザール、
透き通る青い海

EGYPT

風光明媚な自然と、映画に出てきそうなロマンチックな街

MONTENEGRO

ファンタジー感あふれる
中世の街並みを彷徨う

LATVIA

かつてアジア最貧国だった国で見つけた、美しい自然

BANGLADESH

どこを切り取っても絵になる、
中世の面影を残す街を巡る

BELGIUM

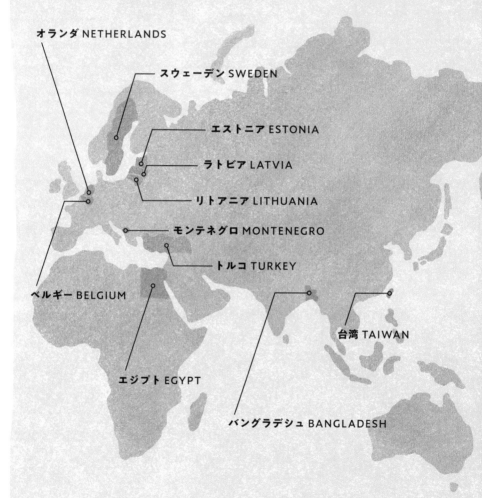

僕らが歩いた

世界地図

オランダ NETHERLANDS

スウェーデン SWEDEN

エストニア ESTONIA

ラトビア LATVIA

リトアニア LITHUANIA

モンテネグロ MONTENEGRO

トルコ TURKEY

ベルギー BELGIUM

台湾 TAIWAN

エジプト EGYPT

バングラデシュ BANGLADESH

国際機関に勤務しているということもあり、
これまで訪れた国は50か国以上。

本書では、その中から厳選して
特にみなさんと景色を共有したい
11の国を掲載しています。

勤務地がヨーロッパ周辺になることが多いため、
掲載国が少しヨーロッパに集中していますが、
それぞれの国に足を運んで見つけた景色は
隣接していても全く異なります。

次は世界地図のどこに色を塗ろうか。
そんなことを考えながら、
一緒に世界旅行を楽しんでください。

WORLD MAP

旅 の 準 備

私たちが旅する時、
どうやって行き先や宿泊先を決めているのかを
ご紹介します。

行き先の決め方

夫婦で国際機関に勤めているという関係上、別々の国や地域に住んでいることが度々あります。そんな時は、2人で行ったことのない場所を中心に、お互いの住んでいる国の近隣や中間地点を、季節や天候なども考慮しながら選んでいます。国際色豊かな同僚たちに聞いた魅力的な場所や可愛らしくカラフルな場所、幻想的でファンタジー感のある場所などを行き先に決めることが多いです。行ってみたい国のリストや、SNSのフォロワーさんと作った行き先ルーレットなるものもあるのですが、タイミングによってはリストにない場所にもよく行くので、幸せなことに行き先候補がどんどん増えていくばかりです。

▽
▽
▽
▽
▽
▽
▽
▽

宿泊先の決め方

2人でお互いに調べて気に入った宿泊先を数件出し合い、最終的にその中から決めています。主にBooking.comで口コミや評判を確認し、予算に合わせて候補を絞り、観光地へのアクセスをチェックして選んでいます。普段は現地の食べ物を食べたいので、朝ごはんはつけないことがほとんど。また、普段から行ってみたい宿泊先をインスタグラムで保存しており、コスパがよく、おしゃれな宿があればそこを選ぶこともあります。

PLANNING

旅 の 持 ち 物

シミ取りペン

よく食べこぼして洋服を汚して
しまうため、応急処置用に携
帯用シミ取りペンTide to go
を購入し、常に鞄に入れて持
ち歩いています。旅行時や外
出時には必須のアイテムとな
りました。

ぬいぐるみ

オランダで購入したミッフィーのぬいぐ
るみと共に、世界各国を旅しています。
可愛い写真が撮れる
うえ、思い出の深
みも増し、写真を
見返した時に楽し
い記憶がよみが
えってきます。ぬ
いぐるみでなくて
も、何かお気に入
りの物を旅に持っ
ていくといいかもし
れません。

ラゲッジスケール

空港での預け荷物や手荷
物の重量を確認できる、手
のひらサイズのコンパクトな
重量計測器。どこのブラン
ドのものでもいいと思いますが、1000円くらいで
購入できるので、一つ持っておくと便利です。飛
行機に乗る前や、お土産を買いすぎたかも……と
心配な時に、ホテルなどで重さを確認できるため
重宝しています。

指輪と専用ケース

京都に行った際、世界に一つだけ
の結婚指輪をお互いに手作りしま
した。手作りの指輪と指輪のケー
スを持ち歩き、訪れた場所で記念
撮影しています。大切な指輪が思
い出と共にさらに大切になり、結
婚した当時の新鮮な気持ちを思い
出すよいきっかけにもなっています。

Ankerの充電器
（Anker 733 Power Bank)

ノートPC、スマホ、タブレット、ドローン、
GoProなど様々なデバイスを、これ一
つで充電でき、さらにこの充電器自体
がモバイルバッテリーにもなる優れも
の。デバイスごとに充電器を何個も持っ
て行ったり、追加でモバイルバッテリー
を持って行ったりしていたのが、これ一
つで済むようになった神アイテムです。

BELONGINGS

撮影＆機材について

カメラ＆レンズ

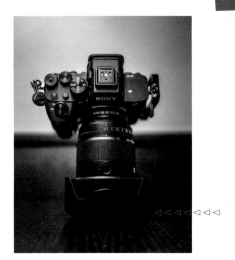

SONY α7 IV
SONY FE 24-70mm F2.8 GM II
　　　FE 70-200mm F2.8 GM OSS II

小型軽量で写真も動画もいけるカメラ。かっこよくてお気に入りです。レンズに関しては、ズームレンズでこれ以上はないくらいよい物を使って、自分に言い訳できないようにしています。単焦点、広角、マクロなど、他のレンズも欲しくなりますが、これ以上は沼にハマるのが見えており、また旅行での移動が大変になりそうだと自分に言い聞かせています。

三脚

Manfrottoのトラベル三脚
（MKELES5BK-BH）

コンパクトに折りたためるので、同じくManfrottoのカメラバッグ（Chicago）で容易に携行できます。カーボンではなくアルミなので冬場はかなり冷たくなってしまうこと、そして簡易のトラベル三脚なので風に対してそこまで強くなく写真がぶれることがありますが、かなり満足しているアイテムです。

その他

空撮用にドローン（DJI Mini 3 Pro）、海撮影や撮影風景の録画用にアクションカメラ（GoPro Hero 12）、手軽に撮影する用にスマホ（iPhone 13 Pro）を持っています。スマホは基本的にどこに行くにしても持っていきますが、ドローンとアクションカメラに関しては撮りたいものや行き先の法律などに合わせて持っていくかを決めています。

私なりの 撮影のポイント

撮影は完全に独学で、特に一眼レフカメラに関しては勉強中です。そんな私が撮影する時によくしているのが、人の少ない早朝を狙って撮影スポットを訪れること。これは誰でもできることで、もちろん人が少ないので綺麗に写真を撮ることができます。冗談みたいですが、早起きは本当におすすめです。

また、自分たちが楽しいと思えることをテーマにするのも、楽しさや感動を写真に込めるためには大切なのかもしれません。私たちの場合はファンタジーっぽさや可愛らしさなどがテーマにあり、ランプや扉、街並み、猫などが主題や副題になっている写真が多いように思います。撮影を通して何が好きなのか、何を楽しいと思っているかなど、意外と知らなかった自分に出会えることもあります。

スマホでの撮影について

スマホでは基本的にデフォルトのカメラアプリを使用し、jpegではなくRAWで撮影しています。RAWでの撮影（iPhoneの場合はApple ProRAWモード）ができない場合は、Lightroomというアプリのカメラを使用してRAW撮影を行っています。RAWで撮影すると、光や影の雰囲気、そして色合いも設定・編集できるので、好きなように編集して思い出を残すことができます。

撮影スポットについて

撮影スポットを見つけるためにSNSを参考にするのも、どこに行くかを決めるうえでの重要な情報ソースの一つだと思います。そのうえで一番いいのは、とにかく歩き回ること。歩いているうちに素敵な景色に出会えることもありますし、知り合った現地の方から情報が入ることもあります。とにかくその土地のことをどれだけ知っているか、そしてどれだけ思い入れのある一枚を残せるかは、どれだけその土地を歩いたかに比例するように思います。

PHOTOGRAPHY TIPS

本 書 の 使 い 方

❶ 国の扉

私たちの旅の始まり。ぜひ一
緒に旅している感覚で楽しん
でいただきたいです。

エジプト
EGYPT

1年以上暮らしましたが、
まだまだ時間が足りなかった魅惑の国エジプト
心惹かれる古代遺跡、魔法の世界のようなバザール、
澄き通る紅海。
知れば知るほどその魅力の虜になっていきました
SNSを通じて私たち夫婦のことを
たくさんの方々に知ってもらうきっかけとなった
思い入れのある国でもあります。
そんなエジプトで撮影してきた珠玉のスポットたちを、
おすすご紹介します

死ぬまでに一度は訪れたい場所が
最高すぎた

エジプト、カイロにてギザのピラミッド群が
眺められ、人気です。

メンフィスとその墓地遺跡
Memphis and Its Necropolis

❷ 国の情報

その国の簡単な情報
と、訪れた街を印した
MAP。旅の計画を立
てる際の参考にしてい
ただければ幸いです。

info
map

ピラミッド上空を
火の鳥が舞った朝

カイロのラミシスホテルから
レストランバー
Reugenberger Pyramids Cairo

エジプトで見つけた
最高の朝食スポット

マリオット メナ ハウス カイロ
Marriott Mena House Cairo

❸ スポット情報

写真を撮影したスポッ
トの情報を紹介。地
図もQRコードで載せ
ています。お店や施設
の情報は変わること
があるので、旅行の
際は事前に最新情報
を確認してください。

QRコードを読み取って
写真撮影の参考にしよう

> 旅の計画を立てたり
> 現地で撮影したりする時に
> ぜひ活用してみてください！

本書のスポット情報にあるQRコードをスマホで読み取ると、
その写真を撮影した位置情報が表示されます。
ぜひこの情報を活用して、旅先での素敵な思い出を写真に残してみてください。

1 撮影地がすぐわかる！

スマホでQRコードを読み取れば、その写真を撮影した場所の地図情報を確認することができます。「どこで撮影したのかな」と自分で下調べする必要はなし。効率的に写真撮影スポットを知ることができます。

2 保存しておけば 旅先でも役立つ

地図情報を保存しておけば、実際に現地でも確認することができて役立ちます。限られた旅の時間を効率よく楽しむためにも、ぜひ活用いただきたいです。

3 合計75箇所の 位置情報を収録

本書に掲載しているスポット情報は、全部で75個。私たちが実際に訪れて撮影した中から厳選した、絶好の撮影スポットです。みなさんが「ここで写真を撮りたい！」と思えるスポットが見つかれば嬉しいです。

4 本書の写真や情報を見ながら 現地の様子を想像してみる

写真や位置情報があると現地の様子を想像しやすく、「このスポットを見てから、こっちに移動するとよさそうだな」などと旅の計画が立てやすいはず。ぜひ想像を膨らませて、楽しい旅の計画を立ててみてください。

＊本書に掲載している情報は、2024年3月現在のものです。レートやスポット情報は変更になる場合があります。
＊QRコードの地図情報は、GPS測定時の状況により多少位置がずれていることがあります。
＊QRコードは（株）デンソーウェーブの登録商標です。

エジプト
EGYPT

1年以上暮らしましたが、
まだまだ時間が足りなかった魅惑の国エジプト。
心惹かれる古代遺跡、魔法の世界のようなバザール、
透き通る青い海。
知れば知るほどその魅力の虜になっていきました。
SNSを通して私たち夫婦のことを
たくさんの方々に知ってもらうきっかけとなった、
思い入れのある国でもあります。
そんなエジプトで撮影してきた至極のスポットたちを、
余すところなくご紹介します。

死ぬまでに一度は訪れたい場所が
最高すぎた

ギザの三大ピラミッドとスフィンクスを目前で
眺める。人生で一度は行ってみたいど迫力の
スポットです。スフィンクスの真下まで行けるツ
アーや、近くのカフェからの景色も人気です。

メンフィスとその墓地遺跡
Memphis and its Necropolis

住所　Nazlet El-Semman, Al Haram, Giza
　　　Governorate 3512201, エジプト

営業時間　7:00〜17:00

入場料　約2600円（ピラミッド内部への入場には別途
　　　　料金がかかります）

メモ　王道スポットだけあって押し売りなども多い
　　　ので、信頼のおけるガイドさんやタクシー運
　　　転手さん（車での入場も可能）などを事前に手
　　　配しておくのがおすすめです。

▷▷▷▷▷▷▷▷▷▷▷▷▷▷▷▷▷▷▷▷

info

時差　-7時間

通貨　エジプトポンド
　　　（1EGP＝約4.87円）

公用語　アラビア語

map

····· ノースコースト
····· ギザ
····· カイロ

····· ソマ湾

····· オレンジベイ

····· ルクソール

····· アスワン

····· アブシンベル

ピラミッド上空を
火の鳥が舞った朝

ピラミッド近くのホテルに宿泊したある日の朝、不死鳥のような形をした雲が朝焼けに染まっていました。ピラミッドビューの部屋から、街と生活に溶け込んだピラミッドを眺めることができ、感動。

**カイロピラミッズホテル・
シュタイゲンベルガー**
Steigenberger Pyramids Cairo

住所　Cairo-Alexandria Desert Rd, Kafr Nassar, Pyramids, Giza Governorate 3515011, エジプト

メモ　距離がある分ピラミッド自体の迫力には欠けますが、大エジプト博物館の目の前にあるホテルなので、そちらも併せて訪れる方には便利かもしれません。

◁◁◁◁◁◁◁◁◁◁◁◁◁◁

エジプトで見つけた
最強の朝食スポット

最高のロケーションで朝食をいただけるホテル。朝食バイキング開始直後の午前6時過ぎにレストランに向かったところ、まだ数組しかお客さんがいなかったので席は選び放題。料理はとてもおいしく、完食どころかこの後少し追加しました。おすすめは、その場で揚げてくれるファラフェル（潰したひよこ豆を香辛料と揚げたもの）。ホテルなので、宿泊者であれば営業時間や入場料は特になく、宿泊者以外もレストラン営業時であれば施設に入ることができます。静かでゆったりとしたところからピラミッドを眺めるには、ここが最高です。また、ホテルの庭園の緑や花と一緒にピラミッドが見られるところは、知っている限りだとここだけ。特に早朝はほとんどお客さんがいないので、好きな角度から写真を撮り放題でした。

マリオット メナ ハウス カイロ
Marriott Mena House Cairo

住所　6 Pyramids Road Cairo, 12556, エジプト

メモ　ピラミッドのすぐ近くに位置していますが、歩くと意外と道順がわからなくなるので、前もってホテルの方に相談しておくと安心です。

▷▷

エジプトの朝、神秘へと続く道

ピラミッドといえば砂漠のイメージがありますが、そんな固定概念をいい意味でぶち壊してくれる素敵な景色。現代から古代へと繋がっているようで、個人的には最推しのピラミッドの景色です。朝陽に照らされるピラミッドはとても幻想的でした。2022 年の 6 月末頃、街からピラミッドが見える場所があるらしいという情報をもとに、いつもお世話になっているドライバーさんに連れてきてもらったこのスポット。写真では下り坂になっていますが、実はこの直前は上り坂になっており、突然ピラミッドが見えます。ドライバーさんと一緒に同じ道を何往復もするほど素敵で、地元民であるドライバーさんも感動し、この後駐車スペースに車を停めて写真を撮っていました。

Tersa から Raed Salam に繋がる道

撮影ヒント　エジプトは左ハンドルなので、ピラミッドに向かっていく往路は一番右側の車線を走ってもらうと助手席からこの景色が見えます。

メモ　昼は交通量が多いので、車が少なく朝陽が美しい早朝がおすすめです。

◁ ◁ ◁ ◁ ◁ ◁ ◁ ◁ ◁ ◁ ◁ ◁ ◁ ◁

窓を開けたら

ギザにある Guardian Guest House では、本来なら閉園時間にあたる夕暮れ時や早朝の美しいピラミッドをエアコン付きの部屋から眺めるという、贅沢な時間が過ごせます。ピラミッドだけなら市内からも見られる場所がありますが、近くからピラミッドと一緒にスフィンクスも見られたのは幸せでした。

ガーディアン ゲスト ハウス
Guardian Guest House

住所　1 Abou al hool street, Al Haram, Giza Governorate 12561, エジプト

アクセス　ギザの大ピラミッドから徒歩 5 分

メモ　ホテルではなくゲストハウスなので、ホテルとしての設備や食事も重要視したい方には P16-17 で紹介したホテルがおすすめです。

▷ ▷ ▷ ▷ ▷ ▷ ▷ ▷ ▷ ▷ ▷ ▷ ▷ ▷ ▷

夕暮れ後のスフィンクスはバイブス高め

ギザではほぼ毎晩、音と光のショーが開催されており、ピラミッドやスフィンクスがど派手にライトアップされています。辛口評価も見かけますが、個人的には陽気そうなスフィンクスさん、とても楽しませてもらいました。チケットを購入すれば目の前で楽しむことができ、日本語の音声もナレーションイヤフォンで聞くことができます。裏技として、近くの宿泊施設や飲食店の屋上からも見ることができます。

地平線にピラミッドが見える丘

首都カイロにあるモカッタムの丘。地元の方が
多い穴場スポットです。天気がよければ遠目に
ピラミッド、カイロタワー、ナイル川など、カイロ
を代表するランドマークも見ることができます。
椅子やクッションが置いてあり、コーヒーやシー
シャもあるので、カイロでゆったりチルな夕暮れ
を過ごすなら間違いなくここがおすすめです。

モカッタムの丘 Mokattam Corniche

入場料　無料（用意された椅子やクッションでくつろぐ場
合はワンドリンク）

アクセス　タハリール広場から車で30分

メモ　夕暮れがおすすめ。私たちが訪れた時はクッ
ションのあるところに座らせてもらい、場所代
とワンドリンクとお水代で、2人で700円ほ
どでした。この地域は開発が決まったようで、
これから整備が進み、観光客からも
さらに注目されそうです。

▷ ▷ ▷ ▷ ▷ ▷ ▷ ▷ ▷ ▷ ▷ ▷ ▷ ▷ ▷ ▷ ▷ ▷ ▷ ▷

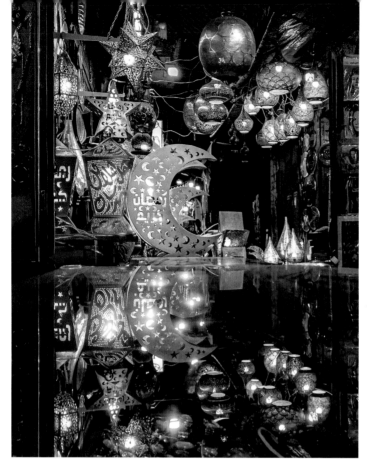

まるでアラジンの世界

世界遺産にも登録されているカイロ歴史地区にある、ハーン・ハリーリと呼ばれる市場です。様々な品物が扱われており、写真のようなランプのほかにも金属細工、スパイス、民族衣装、シーシャ、食器や宝石類などがあります。お土産物屋さんのほか、歴史あるカフェやレストランもあり、旅行者に人気の観光名所です。

バザールやスークとも呼ばれる市場の中は、細い道が曲がりくねりながら何本にも分岐しており、裏道では買い物やおしゃべりをしている地元の方々の日常も垣間見ることができます。中でも日が暮れた後のランプ屋さんはとても幻想的。エジプト滞在中は何度も足を運んでは買い物をしたり、ランプを眺めながらコーヒーを飲んだりと、最高の時間を過ごしました。

ハーン・ハリーリ市場
Khan el-Khalili

アクセス カイロ市内の移動に便利なタクシーアプリで行き先をKhan el-Khaliliに設定（例：中心地にあるタハリール広場からUberタクシーで5分180円ほど）。

撮影ヒント 夕暮れ以降に訪れると、灯されたランプがとても美しいです。

メモ 写真を撮影する場合は宗教や文化的な配慮が必要で、無断で撮影を行うとトラブルの原因になるので、下調べと確認をおすすめします。

◁ ◁ ◁ ◁ ◁ ◁ ◁ ◁ ◁ ◁ ◁ ◁ ◁

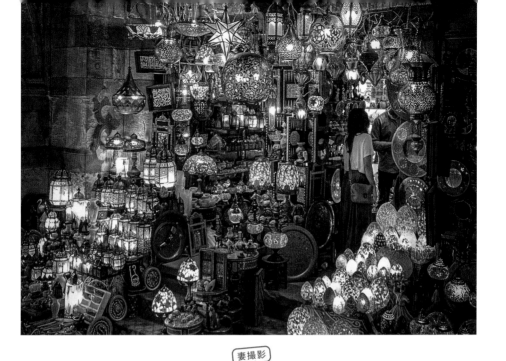

妻撮影

エジプトの市場でついに見つけました

素敵なデザインの魔法のランプが見つかったの
で、大好きなカフェで記念撮影してきました！
幻想的なアラビアンランプや旧市街のゲートな
ど異国情緒あふれる景色を眺めることができる
こちらのスポット、実はカフェなんです。アラジン
の世界に迷い込んだような景色を楽しみながら
コーヒーや紅茶を飲むことができる、おすすめの
お店です。ハーン・ハリーリ市場全体でみるとちょ
うど真ん中に位置しているので、途中でお茶す
るにはもってこいのロケーション。また、カフェで
休憩した後はすぐ目の前のランプ屋さんを見て
みるのも最高に楽しいです。アーチ状の素敵な
ゲートもあるので、エジプトに来たらここで思い出
の一枚を撮影してはいかがでしょうか。

Om Kalthom Cafe

営業時間　24時間（何度か訪れて閉まっていたこともある
　　　　　ので、実際は不定休のように感じました）

料金　コーヒーや紅茶は1杯約400円

写真スポットGPS　30.0477014, 31.2619400

メモ　同名のカフェもあるので上記GPS
　　　を参考にしてみてください。

カイロで見かけたモスクの尖塔が可愛すぎる

特に有名スポットでもないのですが、カイロの代名詞でもある尖塔を空と一緒に撮るのがお気に入りでした。せっかくの海外旅行となると有名スポットを確実におさえたい気持ちもありますが、何気ない景色から自分なりの「好き」を見つけ出すのも幸せです。

エジプトの首都で、ファンタジーのような景色を覗いてきました

カイロは「千の塔の都」として知られ、特に夕暮れ時は街に浮かぶモスクの尖塔のシルエットが美しいです。そんな世界遺産カイロ歴史地区で、まるでファンタジーのような景色を覗いてきました。

カイロ歴史地区・バブズウェイラ
Bab Zweila

アクセス　カイロ市内の移動に便利なタクシーアプリ（Uberなど）で行き先をBab Zweilaに設定（例：中心地にあるタハリール広場からUberタクシーで10分200円ほど）

メモ　写真のように尖塔に登る際は入場料や許可の確認が必要です。

ハーン・ハリーリ市場で買い物中に出会った、まるで店番をしているような猫。

かつて猫が神格化されていた国

古代エジプトでは猫が信仰の対象だったことをご存知ですか？
猫とエジプトの人々の関係は、今から約4000年ほど前まで遡るとされています。猫の姿をした古代エジプトの女神バステトの名前は聞いたことがある方も多いのではないでしょうか。猫を崇拝していた歴史の影響からか、単純に猫好きが多いからか、地元の方々から可愛がられている猫たちの姿をよく目にします。

メモ　撮影のために屈むと、人懐っこすぎる猫が素早く近付いてきて、写真は撮れませんが幸せな気持ちになります。

マニアル王子モハメドアリ宮殿
Manial Palace Museum

住所　1 Al Saraya, Old Cairo,
　　　Cairo Governorate 4240291, エジプト

営業時間　9:00〜17:00

マニアル宮殿の散策中に出会った神々しい猫。

魔法使いがいそうな通り

中世の美しいイスラム建築に囲まれたカイロ旧市街にあるエルモエズ通り。歴史を感じる建物や異国情緒あふれる石畳がある通りは、まるで魔法の世界に迷い込んだよう。ハーン・ハリーリ市場から徒歩圏内にあるので、併せて訪れてみてはいかがでしょう。

エルモエズ通り Al Moez Ldin Allah Al Fatmi

アクセス　Uberで行き先をAl Moez Ldin Allah Al Fatmiに設定（例：中心地にあるタハリール広場からUberタクシーで5分200円ほど）

メモ　夕暮れ以降に訪れると点灯されたランプがとても美しいです。

▷▷▷

妻撮影

神殿に佇む猫

ルクソールにあるカルナック神殿は、テーベの守り神であったアメン神に捧げるために造られた神殿。高さ30mのオベリスク（古代エジプトの記念碑の一種）をはじめ、迫力ある石像や柱が残る圧巻の遺跡です。そんなカルナック神殿で出会った可愛らしい猫を妻が撮影しました。

カルナック神殿
Karnak Temple

住所　Karnak, Luxor, Luxor Governorate, エジプト

営業時間　6:00～17:00

▷▷▷▷▷▷▷▷▷▷▷▷▷▷

3000年の時を経て
現存する古代神殿

ゲームや映画の世界で
はなく、3000年も前から
エジプトに実在するアブ
シンベル神殿。悠久の
時を超えてそこに在り続
けるロマンあふれる古代
遺跡は、圧巻のひと言。
神殿内部に朝陽が差し
込む時間帯は、特に神
秘的で美しかったです。

アブシンベル神殿 Temple of Abu Simbel

住所　Abu Simbel, Aswan Governorate 1211501,
　　　　エジプト

営業時間　6:00〜17:00
　　　　　（音と光のショーは19:00〜＊要確認）

入場料　約2900円（音と光のショーは約2000円＊要確認）

アクセス　アスワンから車で4時間

撮影ヒント　日中は観光客がたくさんいるので、アスワンな
　　　　　どから1泊のツアーを手配してナイトショーの時
　　　　　間帯や早朝に訪れるのがおすすめです。

メモ　60年前、水没の危機にあったアブシンベル神殿を
　　　救うために、神殿をまるごと丘の上に移築させたそ
　　　うです。年に2回だけ（2月22日と10月22日）朝陽が
　　　神殿最深部まで照らす奇跡を、移築後もきっちり再
　　　現してあるとのこと。今となっては有名な世界遺産
　　　というシステムもここから始まったそうで、感慨深いもの
　　　がありました。脈々と受け継がれる古代からの遺産
　　　を守ろうとする人類の意志に感動しました。

◁◁

どこか心惹かれる古代文明

アスワンにあるフィラエ神殿に行ってきました。古代エジプトの女神イシスに捧げられたナイル川に浮かぶ神殿で、あのクレオパトラが新婚旅行で訪れたともいわれているそうです。夜に開催される音と光のショーに行ってみたところ、何故か私たち2人しかいなかったので、日本語で流れる神話に基づいた音声ドラマを音楽とライトアップ付きで楽しみながら、2人だけで神殿を歩いて回ることができました。本来は複数人で開催されるもののようです。

フィラエ神殿 Philae Temple

住所　Aswan 1, Aswan, エジプト

営業時間　[10月～5月] 7:00～16:00
　　　　　[6月～9月] 7:00～17:00

入場料　約2100円（音と光のショーは約2500円）

アクセス　アスワンのボート乗り場から往復20分600円前後

メモ　宿泊先のホテルで相談すると、チケットとボートに加えてボート乗り場までの送迎を手配してくれる場合が多いです。

▷▷▷

背後のヒエログリフと相まって、とても神秘的な雰囲気のある一枚に。

神殿や遺跡に行くたびによく見惚れて撮影していたヒエログリフ。何故か心惹かれます。

夕暮れのナイル川とカイロ市街

首都カイロで撮影した一枚。蓮の花が
モチーフのカイロタワー（高さ187m）とエ
ジプトの伝統的な木造帆船フェルッカが
よいタイミングで写真に収まりました。時
季や風の状況にもよりますが、フェルッ
カに乗って夕暮れ時のナイル川下りを
楽しむこともできるようです。

ナイル川のほとりで見つけた可愛らしい窓枠

Sofitel Cairo Nile El Gezirahというホテルの、ナイル川
沿いにある施設で撮影。個人的にカイロで一番映える施
設だと思います。ナイル川のほとりにアラビアンな雰囲気の
可愛らしい写真スポットがあり、屋内プールも可愛い。客
室によっては、バルコニーから遠目にピラミッドが見えます。

ソフィテル カイロ ナイル エル ゲジラ
Sofitel Cairo Nile El Gezirah

住所　3 El Thawra Council St Zamalek Downtown
　　　Po Box 732 El Orman Giza 11518 Cairo,
　　　エジプト

◁ ◁ ◁ ◁ ◁ ◁ ◁ ◁ ◁ ◁ ◁ ◁ ◁ ◁ ◁ ◁ ◁ ◁ ◁ ◁

おもちゃの世界みたいな村

アスワンにあるヌビア村に行ってきました。アスワンから南に広がるナイル川流域は古来ヌビアと呼ばれ、ミュージカル『アイーダ』はこの地の王女として知られています。そんなヌビアの村には、可愛すぎるパステルな世界が広がっていました。

ヌビア村 Nubian Village

アクセス　アスワン中心部からモーターボートで40分前後

写真スポットGPS　24.0612602, 32.8642766

入場料　無料

メモ　ホテルのツアーデスクで日帰りツアーを手配、もしくは最寄りの船着場でボートをチャーターすることも可能です（要交渉、1時間あたり2500円前後）。時季によって値段が変動するので、ホテルのコンシェルジュに相場を教えてもらうのがおすすめ。

地中海と白い砂浜が可愛すぎる

エジプトには様々な魅力がありますが、意外と見
落とされがちなのが今回紹介するノースコースト。
エジプト北部の地中海に面し、白い砂浜に透き
通る海が映えるとても可愛らしいリゾート地です。
首都カイロにはピラミッドや旧市街、東にはシャル
ムエルシェイクなどの紅海リゾート、西にはシワな
どのオアシスや砂漠、南にはルクソールなどの古
代遺跡。そして北にはノースコーストがあります。

ノースコースト North Coast

アクセス　カイロ市内から車で約3時間
メモ　夕焼けも朝焼けも最高です。

紅海の穴場スポットで
ゆったり休暇

エジプトの紅海沿岸にあるソマ湾に行ってき
ました。首都カイロからフルガダまで飛行機
で1時間、フルガダからソマ湾まで車で1時
間というちょっとした穴場にあり、静かで最高
の休暇を過ごせます。ホテルからボートが出
ていて、美しい沖合ではダイビングやシュノー
ケリングを楽しむことができます。泳いだりぷ
かぷか浮かんだり、素潜りで珊瑚礁を見たり
と、自由にゆったりとした時間を過ごしました。

ソマ湾 Soma Bay

アクセス フルガダから車で1時間

おすすめ宿泊施設 Kempinski Hotel Soma Bay

メモ 防水のカメラがあると、素敵な海
での思い出を残せます。

◁◁◁◁◁◁◁◁◁◁◁◁◁◁◁◁

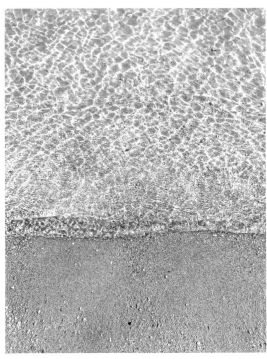

夏が始まった合図がした

こちらはフルガダで撮影した海。オレンジベイ
と呼ばれる島の施設から見る、遠浅の透き
通る海は最高の一言。オレンジベイは、数時
間からほぼ一日中まで好きなようにツアーを
アレンジして遊びに行ける島で、休憩スペー
スや食事、ドリンクもあるので最高にゆったり
とした夏の休暇を過ごせます。

オレンジベイ Orange Bay

営業時間 6:00〜18:00

入場料 1人600円前後（ボートレンタル料別）

アクセス フルガダ船着場からボートで40分（プ
ライベートのスピードボートなら
20分）

▷▷▷▷▷▷▷▷▷▷▷▷▷▷▷▷

モンテネグロ
MONTENEGRO

私たち夫婦はいろんな国を巡る際にテーマをもつことが
多々あるのですが、そのうちの一つに
「永住先を見つけたい」というものがあります。
そしてこのモンテネグロという国は、
永住先に限りなく近い候補の国の一つです。
アドリア海の秘宝と称される風光明媚な自然、
おいしい料理やワイン、そして映画から
そのまま出てきたかのようなロマンチックな街や景色。
そのどれもが言葉にならないほど素敵で、
プライベートで同じ国を2回以上訪れることは
あまりない私たちが、喜んで2度目の渡航を決めたほどです。
その2度の渡航で見つけたモンテネグロの魅力を
お伝えしたいと思います。

まるでアニメの
ワンシーンのような世界

モンテネグロを訪れたら絶対に外せない穴場
スポットが、コトル湾のほとりにひっそりと佇む小
さな街、ペラストです。ペラストのシンボルでもあ
る聖ニコラ教会の鐘楼を中心に広がるオレン
ジ屋根の街並みは、ゲームやアニメの世界かと
思うほど美しかったです。

ペラスト Perast

アクセス　コトル旧市街からバスやタクシーで20分
メモ　　　コトル湾沿いのホテルに宿泊すると、ペラスト
　　　　　直通のプライベートボートを手
　　　　　配してもらえることもあります
　　　　　（代金要確認）。

▷▷▷▷▷▷▷▷▷▷▷▷▷▷▷▷▷

info ———

時差　　-8時間

通貨　　ユーロ（1€＝約161.9円）

公用語　モンテネグロ語

map ———

ペラスト
コトル
スヴェティ・ステファン島
コトル湾

宝石みたいなアドリア海

アドリア海の秘宝として知られるモンテネグロ。美しい海岸線に浮かぶ出島、スヴェティ・ステファン島は、まるでアニメの世界のようでした。オレンジ屋根の可愛い街並みが残る、雰囲気のよい島です。島全体がホテルとなっており、周辺のビーチや公園は宿泊客でなくても自由に散策できます。

スヴェティ・ステファン島
Sveti Stefan

アクセス ブドヴァからバスやタクシーで
10km

コトル湾で見つけた
限りなく透明に近いブルー

世界一美しい湾とも称されるコトル湾では、背後を険しい山々に囲まれた圧巻の景色が楽しめます。コトル城壁の上から眺めるもよし、湾のまわりをぐるっと歩いてみるもよし。車で山を登り、パノラマビューを楽しむのも素敵です。いたるところが小さなビーチになっていて、海辺で水を見るとその透明度の高さに驚きます。油断すると波打ち際を見失ってしまうほど限りなく透明に近いコトルブルーを、ぜひお楽しみください。

城門の先に広がるおとぎの街

まるでファンタジーの世界のような石畳と城壁に囲まれた、モンテネグロにあるコトルの旧市街。城門をくぐって街に入ると、中世にタイムスリップしたかのような感覚を楽しめます。古き良き街並みを残すコトルは猫の街としても知られ、地元の方々に可愛がられているたくさんの猫との出会いもあります。

コトル旧市街

アクセス 首都ポドゴリツァからバスで2時間〜2時間半。隣国クロアチアのドブロブニクからバスで2時間〜2時間半。コトルのバスターミナルは旧市街の南500mのところにあるので、旧市街まで徒歩圏内。

◁ ◁ ◁ ◁ ◁ ◁ ◁ ◁ ◁ ◁ ◁ ◁ ◁ ◁ ◁ ◁ ◁ ◁ ◁

どこかアニメチックな
アドリア海の街

旧市街から少し離れて、いろんな角度からコトル
の街並みとコトル湾を撮影しました。コトル湾と
いっても結構な広さがあるので、数日に分けて
朝の散歩を楽しんだ時のものになります。旧市
街をひとしきり回り終えたら、ぜひコトル湾のほと
りでゆったりとした時間を過ごしてみてください。

世界の可愛い扉

コトルの旧市街は中世の街並みが美しく、世界遺産にも登録されています。

まるでタイムスリップしたかのような古き良き街で出会った、

最高に可愛い扉たちを紹介します。

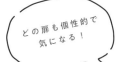

どの扉も個性的で
気になる！

ラトビア
LATVIA

バルト三国の一つ、ラトビア。
中世の街並みが残るリガ旧市街は、
バルト三国の中でもとびきりお気に入りの街です。バルト海の真珠と
称される美しい街並みと、異国情緒あふれる石畳の路地が堪りません。
ラトビアには1年以上滞在したので、バルト三国では最長。
これまで50か国以上に渡航してきましたが、
現地に長くいるからこそ引き出せる魅力や視点があるように思います。
もちろんリトアニアとエストニアも大好きなのですが、
やはりラトビアへの思い入れは一味違うもの。
ぜひその熱量と一緒に、まるで現地にいるかのように
写真を楽しんでもらえたらと思います。

バルト海の真珠、リガ旧市街が可愛すぎた

ラトビアの世界遺産、リガ旧市街を散歩。コンパクトで
可愛らしい街なので、半日あれば気分のままに歩き回
ることができます。写真は、聖ペテロ教会の展望スペー
スから撮影した街並みです。

聖ペテロ教会の展望スペース St. Peters Church

住所　Reformācijas Laukums 1, Centra rajons,
　　　Rīga, LV-1050, ラトビア

アクセス　リガ国際空港からバスで30分（約280円）、タク
　　　　　シーで20分（約2200円）

メモ　バスを使う場合は、バス停近くの券売機や空港内の
　　　コンビニでチケットを買うと割安になります。タクシーを
　　　使う場合は、空港内のタクシーカウンターやBoltとい
　　　うタクシーアプリを利用すると、ぼったくり
　　　の可能性を避けることができます。

info

時差　　-7時間

通貨　　ユーロ（1€＝約161.9円）

公用語　ラトビア語

map

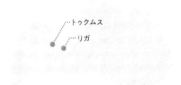

トゥクムス
リガ

水鏡が美しい雨上がりのリガ旧市街

リガ旧市街で雨上がりに見つけた、幻想的な景色。リガ旧
市街は13世紀にハンザ同盟に加盟したのち、バルト海地
域や北ドイツとの貿易を通して発展した街です。中世の佇
まいが残る居住空間と歴史的建造物がとても美しく、「バ
ルト海の真珠」という二つ名も頷けます。この日はあいにく
の雨模様でしたが、せっかくの旅行なので雨も味方につけ
ることができたら素敵ですね。雨の日に写真を撮る場合、リ
ガ旧市街のような石畳の街は、夜まで待つと街灯が路面
に綺麗に反射し、幻想的な雰囲気になります。また、雨上
がりには水たまりがたくさんできているので、美しいリフレク
ションを狙ってみるのもいいかもしれません。

リガ大聖堂 Riga Cathedral
住所　Herdera laukums 6,
　　　Rīga, LV-1050, ラトビア
アクセス　市庁舎広場より徒歩3分

ピルス通り Pils iela

住所　Pils iela, Centra
　　　rajons, Rīga,
　　　LV-1050, ラトビア

ブラックヘッド ハウス Melngalvju nams
住所　Rātslaukums 7, Rīga, LV-1050, ラトビア
アクセス　市庁舎広場より徒歩5分

火薬塔 Pulvertornis
住所　Smilšu iela 20,
　　　Centra rajons, Rīga,
　　　LV-1050, ラトビア

雪のリガ旧市街は
まるでファンタジーの世界

リガ旧市街の雪景色。中世の街並みと雪
の組み合わせが、まるでファンタジーのよう
な世界を作り出しています。雪の日はフラッ
シュ（ストロボ）をたいて撮影すると、写真のよ
うに雪が玉ボケになり、一気に雰囲気が出
ます。夕暮れ以降の撮影がおすすめです。

築100年のお城に宿泊してきました

誕生日のお祝いに、ラトビアの田舎にある築100年の小さなお城に滞在してきました。ドローン撮影の許可をいただいて撮影。1泊1万円の別棟に宿泊予定でしたが、ご厚意でアップグレードしていただき、お城の一室を用意してもらえました。

こちらのJaunmoku Pilsは、1901年に建築されたネオゴシック様式のお城。建築家ヴィルヘルム・ボックスラフ (1858-1912) によって、当時のリガ市長ジョルジュ・アーミッツテッド (1847-1912) の狩猟の際の城として建築されました。現在はホテルになっており、一般客も利用可能です。

お城は池や林に囲まれており、夕暮れ時に散歩するのがとても気持ちよかったです。夕空がリフレクションしているお城と池の光景は一生忘れられない

ほどに美しく、素敵な誕生日になりました。自然豊かな立地にあるので、秋の紅葉や冬の雪化粧など、また違った景色を楽しみに戻りたくなるような素敵なホテルでした。もしラトビアを訪れる機会があれば、ぜひ足を伸ばしてみてほしい場所の一つです。

Jaunmoku Pils

住所 Tume parish, Tukums Region, LV-3139, ラトビア

撮影スポットGPS 56.982039 23.053306

アクセス 首都リガから車で1時間

宿泊費 1泊1万円前後 (季節によって変動あり)

メモ 朝焼けがとても綺麗でした

冒険が始まりそうな朝

リガ旧市街を代表するランドマークの一つ、リガ城。1330年に造られたこのお城は現在、北側部分をラトビア歴史博物館として、ほかの部分を大統領府として使用しています。ヴァンス橋やその先にある展望スペースから眺めると、ちょうど東向きなので素敵な朝焼けも楽しむことができます。

リガ城 Rīgas pils

住所 Pils laukums 3, Rīga,
　　 LV-1050, ラトビア

アクセス 市庁舎広場より徒歩5分

月夜に浮かぶ猫の家

リガ旧市街の空に、可愛い猫の姿を発見。その正体は屋根に取り付けられた猫の像で、昔ギルド（同業者の自治団体）に入会を断られた商人が、抗議のためにギルドにお尻を向けた猫の像を設置したそうです。見た目だけでなく、屋根に取り付けられた理由まで可愛い。場所はリガ旧市街のリーヴ広場北側。事前に調べるか、空を見上げて歩いていないと気付かないくらい、小さく可愛らしい像でした。なお諸説ありますが、その後商人はギルドに入会させてもらえたので、猫は現在ギルドに顔を向けているといわれています。

猫の家 Kaķu nams

住所 Meistaru iela 10/12, Centra rajons,
　　 Rīga, LV-1050, ラトビア

アクセス リーヴ広場の北側

世界の可愛い扉

▷▷▷▷▷▷▷▷▷▷▷▷▷▷▷ | ラトビア編 | ◁◁◁◁◁◁◁◁◁◁◁◁◁◁◁

リガ旧市街で見つけた、可愛らしい扉たち。

この日は街の展望台に行く予定でしたが、あいにくの曇り空だったので

扉巡りに急遽変更しました。曇りの日は建築物の細部や扉を見て回るのがおすすめ。

写真に収める場合は空が写り込まないので、晴れである必要もありません。

扉は一つひとつが本当に可愛らしいデザインで、

軽い散歩のつもりが、つい旧市街全体を回ってしまいました。

様々な素材で
できていて
気になる！

バングラデシュ

BANGLADESH

3年半滞在していたバングラデシュ。
かつてアジア最貧国とされていた国での生活は、
やはりかなり大変でした。
比較的長い期間滞在したこともあってか、
正直、好きなところばかりではありませんが、
友人や同僚たちの真心や笑顔に心底助けられていました。
夫婦間でいろんな話をする中でも
バングラデシュのことがよく話題に上がり、
ああやっぱりこの国が好きだなと再確認しています。
そんな思い出ごと形に残したいと思い、
写真を撮るきっかけになった国でもあります。
美しい海の景色や、そこで同じ時間を過ごしていた人々の写真が中心で、
技術的には拙さもありますが、想いという点ではこの国が一番かもしれません。

火の鳥が舞う魔法の時間

バングラデシュにあるコックスバザール。ビーチで眺める雨上がりの夕空は、まるで魔法がかかったような美しさでした。夕日に染まる雲は火の鳥が舞っているようにも見え、夕暮れ時のこの時間帯がマジックアワーと呼ばれる理由がわかるような気がします。バングラデシュには厳しい雨季がありますが、晴れ間に見せる空の表情には格別なものがあります。

コックスバザールビーチ Cox's Bazar Beach

アクセス　首都ダッカから飛行機で1時間5分

メモ　西側に海があるので、水平線に
　　　沈む夕日が美しいです。

info

時差　　−3時間

通貨　　タカ（1BDT＝約1.37円）

公用語　ベンガル語

map

コックスバザール

竜の巣みたいな圧巻の雲と出会った

コックスバザールはビーチがあり、地元客で賑わうリゾート地。熱帯モンスーン気候に属し、雨季には怪物みたいな迫力ある雲が発達します。そんなコックスバザールの雨季に、まるで『天空の城ラピュタ』に出てくる竜の巣のような雲に出会いました。

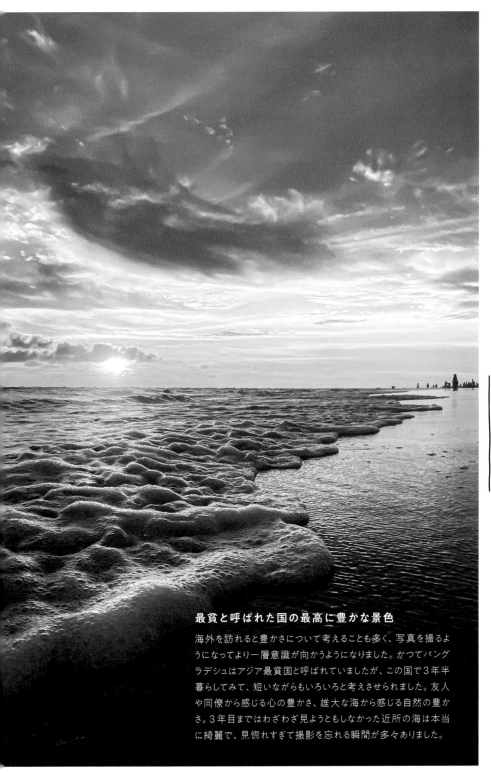

最貧と呼ばれた国の最高に豊かな景色

海外を訪れると豊かさについて考えることも多く、写真を撮るようになってより一層意識が向かうようになりました。かつてバングラデシュはアジア最貧国と呼ばれていましたが、この国で3年半暮らしてみて、短いながらもいろいろと考えさせられました。友人や同僚から感じる心の豊かさ、雄大な海から感じる自然の豊かさ。3年目まではわざわざ見ようともしなかった近所の海は本当に綺麗で、見惚れすぎて撮影を忘れる瞬間が多々ありました。

ベルギー
BELGIUM

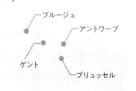

ベルギーを訪れた時は、勤務先の関係上、
夫婦それぞれ別の国にいました。
思いつきでクリスマス休暇をこの国で一緒に過ごそうとなり、
第三国のベルギーの空港で久しぶりに再会したのを覚えています。
そんな喜びとわくわくの感情で残したベルギーの写真は、
今見返してもどこか温かい気持ちになれます。
どこを切り取っても絵になるブリュッセル、
まるで大聖堂のように美しい駅舎があるアントワープ、
魔法使いがいそうな古都ゲント、街全体が世界遺産の水の都ブルージュ。
たくさんの魅力的なスポットを巡ってきたので、
ぜひお楽しみください。

窓から覗くブリュッセルの街並み

ブリュッセルの印象はまさに「どこを切り取っても絵
になる」。宿泊先の窓からの景色や散策中にふと
見上げた建物に加えて、クリスマスシーズンにサン
タ衣装を身に着けた小便小僧までもがおしゃれに
見えました。とても魅力的な街で時間が足りなかっ
たので、また訪れてみたい街の一つです。

info ─────────

時差　　−8時間

通貨　　ユーロ（1€＝約161.9円）

公用語　オランダ語、フランス語、
　　　　ドイツ語

map ─────────

ブルージュ
アントワープ
ゲント
ブリュッセル

水の都ブルージュが美しすぎた

水の都として知られるブルージュ。街を
流れる運河と中世の面影が残る街並
みは、まるで絵本や童話の世界でした。
街全体が世界遺産に登録されており、
購入したワッフルを片手に歴史豊かな
景色の中を歩き回る時間は最高です。

ブルージュ歴史地区 Historic Centre of Brugge

アクセス　ブリュッセル中央駅（北駅や南駅でも可）からIC
　　　　　（InterCity特急）で1時間（2100円ほど）

撮影ヒント　写真右のローゼンダッカイは、夕暮れ時から夜に
　　　　　かけて圧巻の美しさです。

メモ　　　ローゼンダッカイの近くにおいしいワッフル屋さん（Waffle
　　　　　Bar Brugge）やレストラン（Brugge Die Scone）
　　　　　もあります。

絶対に魔法使いがいる街

ベルギーの古都ゲント。首都ブリュッセルから電車で30分ほどに位置し、ベルギー第三の都市として栄えています。この2枚の写真は聖ミカエル橋で撮影したもので、橋の上からは大聖堂や鐘楼などの歴史的建造物が並ぶ圧巻の景色を見ることができます。中世ヨーロッパにタイムスリップしたかのような幻想的な雰囲気と、かつての栄華が色濃く残る歴史的建造物が現代の街に美しく融合していました。

聖ミカエル橋 Sint-Michielsbrug

アクセス　ブリュッセル主要駅からIC線で
　　　　　30分（9ユーロ）、ゲント・セントピー
　　　　　ターズ駅下車のちタクシーで8分

メモ　　ブリュッセルと人気観光地ブルージュ
　　　　を繋ぐ路線上にあるので、その後
　　　　ブルージュに寄るのも簡単です。

◁ ◁ ◁ ◁ ◁ ◁ ◁ ◁ ◁ ◁ ◁ ◁ ◁ ◁ ◁ ◁

世界で最も美しい駅、
行ってみたらガチで世界一美しかった。

世界で最も美しい駅の一つとして知られる、ベルギーのアントワープ中央駅。ベルギー第二の都市アントワープにあり、国の重要文化財にも指定されています。「鉄道の大聖堂」とも呼ばれており、駅を利用する予定がなくてもわざわざ訪れる価値がある、壮大な空間が広がっています。アントワープの街中に行くと一気に人出が増すので、この荘厳な駅舎でゆったり過ごすのもおすすめです。基本的には移動で使っている方が多いので、昼過ぎの時間帯でも少し待てば写真のような光景が撮影できました。

アントワープ中央駅
Antwerp Central Train Station

住所　Koningin Astridplein 27, 2018
　　　Antwerpen, ベルギー

アクセス　ブリュッセル主要駅からIC線で40分
　　　　　(7.5ユーロ)

メモ　写真に写っているのはチケット売り場のある
　　　大きな広場で、この向こう側には同様のドー
　　　ム型の屋根が覆う4階層のプラットフォーム
　　　があります。プラットフォーム側からの
　　　景色も、息を呑む美しさでした。

▷▷▷▷▷▷▷▷▷▷▷▷▷▷▷▷▷▷

スウェーデン
SWEDEN

「北欧」そして「家具」。
恥ずかしながら、そのくらいのイメージしか
持ち合わせていなかったスウェーデン。
何かとご縁があって3度ほど訪問し、
まるで映画のような美しい街並みに惚れました。
首都ストックホルムを中心に広がる美術館のような地下鉄や、
北欧の海に300年も沈んでいた大迫力の軍艦など、
これまでのスウェーデンのイメージをいい意味で
覆してくれるような出会いもありました。
今となっては大好きな国の一つです。
そんなスウェーデンの魅力を少しでも感じてもらえると嬉しいです。

ストックホルムの地下鉄、
かっこよすぎる。

「世界一長い美術館」と呼ばれるストックホルムの地下鉄。3路線100駅のうち約90駅が「駅全体を作品にする」というコンセプトのもと、壁面アートやオブジェに覆われているそうです。ここはストックホルム地下鉄中央駅（T-Centralen）、最下層階にあるブルーラインのプラットフォーム。

ストックホルム地下鉄中央駅 T-Centralen

アクセス　基本的に市内のどこからでも地下鉄に乗って回ることができます。

料金　75分乗り放題約500円、24時間乗り放題約2200円、またタッチ機能のクレジットカードがあればそのまま改札で読み取り可。

info ————

時差　−8時間

通貨　スウェーデンクローナ
　　　（1SEK＝約14.4円）

公用語　スウェーデン語

map ————

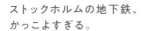

ストックホルム

寒い冬には地下鉄巡り

Odenplan駅。旧市街など有名観光スポットなどに比べるとそこまで人も多くなく、天候にも左右されないので、ストックホルムの地下鉄巡りはとてもおすすめ。この日は足元が悪くて床の反射がいまいちだったので、iPhoneの黒画面を使ってリフレクションさせてみました。

◁◁◁◁◁◁◁◁◁◁◁

近未来を感じる地下鉄駅

少し時間があったので、夜更けのDuvbo駅で撮影しました。天井の赤いラインとストックホルム地下鉄列車の青がとてもかっこいい。人がほとんどいなかったことも相まって、近未来を感じられる雰囲気がお気に入りです。

洞窟ダンジョンみたいな地下鉄駅

数あるストックホルムの地下鉄駅の中でも、まるでダンジョンを冒険しているような気分になれるこちらのRådhuset駅が特に大好きです。

ずっといたくなる王立公園

ストックホルムにある王立公園で散歩。地下鉄巡りの最中に休憩がてら公園内のカフェに立ち寄り、あまりの幻想的な景色にしばらくここでゆっくりしていました。日本から贈られた桜もあるようで、春は桜の並木道がとても美しいそうです。

王立公園 Kungsträdgården

住所　Jussi Björlings allé, 111 47
　　　Stockholm, スウェーデン

アクセス　ストックホルム中央駅から徒歩12分

メモ　街灯がつく時間帯はより幻想的になります。

深い緑が美しい庭園のような地下鉄

王立公園すぐそばにあるKungsträdgården
駅。深い緑が美しいプラットフォームはもちろん、
広いスペースがまるで博物館のようなエスカ
レーターまわりもとても素敵でした。王立公園
に行く際に立ち寄ってみてはいかがでしょうか。

Nästa tåg

ダークな雰囲気が堪らない
地下鉄プラットフォーム

3度目のスウェーデン訪問の際、夜遅くにいくつかの地下鉄駅を巡り、訪れたHuvudsta駅。アーティスティックな地下鉄駅が数多くある中、少しダークな雰囲気を持つこのプラットフォームはまた違ったよさがあります。

宝石が散りばめられたような
神々しい地下鉄

Näckrosen駅のプラットフォームの天井は、個人的にも大好きなデザインの一つ。水面に浮かぶ睡蓮のような装飾が、まるでキラキラと光る宝石のようで最高に美しかったです。

童話みたいな北欧の旧市街

ストックホルム旧市街のガムラスタン。カラフルな建物や街灯に照らされる石畳は、歩いているだけで気分が上がる可愛らしい雰囲気でした。

ガムラスタン Gamla stan

住所　Stortorget 18, 111 29 Stockholm, スウェーデン

アクセス　地下鉄ガムラスタン（Gamla Stan）駅よりすぐ、またはストックホルム中央駅より徒歩10分ほど

メモ　カラフルな建物が可愛いストールトルゲット広場がおすすめです。

▷▷▷▷▷▷▷▷▷▷▷▷▷▷▷▷▷▷▷▷▷▷▷▷

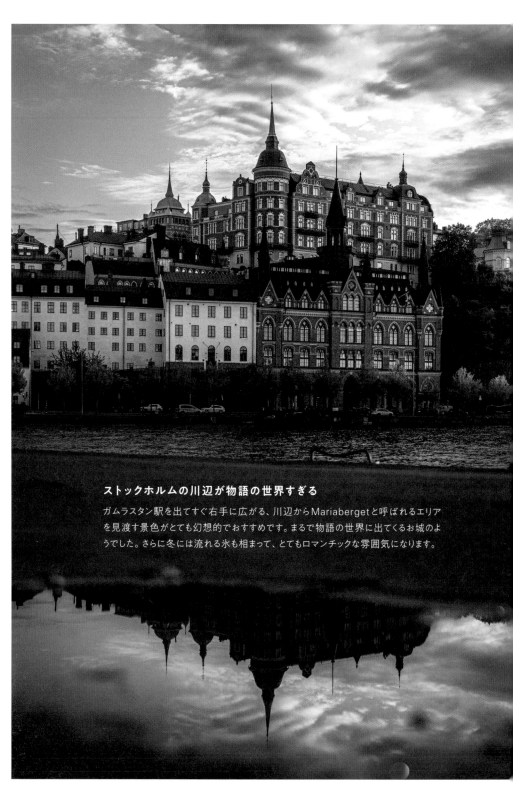

ストックホルムの川辺が物語の世界すぎる

ガムラスタン駅を出てすぐ右手に広がる、川辺からMariabergetと呼ばれるエリア
を見渡す景色がとても幻想的でおすすめです。まるで物語の世界に出てくるお城のよ
うでした。さらに冬には流れる氷も相まって、とてもロマンチックな雰囲気になります。

撮影スポットGPS　59.3228348,
　　　　　　　　18.0667006

アクセス　ストックホルム中央駅から電
　　　　　車で2分

メモ　ガムラスタンに行く際に、駅からさ
　　　くっと立ち寄れる位置にあります。

アニメ映画に出てきそうな
ストックホルム旧市街

春から夏過ぎまで限定で登ること
ができるストックホルム市庁舎のタ
ワーに登りました。高さ106mのタ
ワーを365段の階段で登っていく
と、有名アニメ映画のモデルにも
なったストックホルム旧市街を見渡
せる展望スポットに辿り着けます。

ストックホルム市庁舎 Stockholms stadshus

住所 Hantverkargatan 1, 111 52 Stockholm, スウェーデン

料金 800〜1200円（季節によって変動あり）

時期 6〜8月に塔に登ることができますが、その年のスケジュール
は公式ホームページを確認してください。

メモ ストックホルム市庁舎はノーベル賞の記念晩餐会が行われ
る場所でもあります。塔の上に居られる時間は15分
ほど。

◁◁◁◁◁◁◁◁◁◁◁◁◁◁◁◁◁◁◁◁◁◁◁◁◁◁

よい日になりそうな予感しかないストックホルムの朝

Best Western Plus Time Hotelに宿泊した日の朝、部屋のバルコ
ニーから見えた景色です。前夜の雪で肌を刺すような冷たい空気の朝、
冬の透き通った青空の下で気持ちのよい1日の始まりを感じられました。
特に観光地や人気撮影スポットでもないところで自分なりの美しさを見つ
けることができると、なんだか幸せな気持ちになれます。

ベスト ウェスタン プラス タイム ホテル
Best Western Plus Time Hotel
住所　Vanadisvagen 12, Stockholm,
　　　スウェーデン

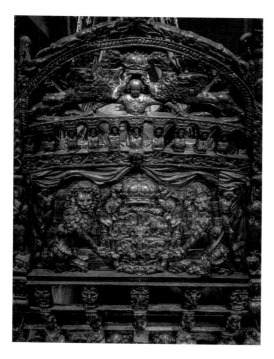

98％原型を留めたまま
300年以上も北欧の海に沈んでいた
17世紀の巨大な軍艦を見てきました。

スウェーデンの首都ストックホルムにある、
ヴァーサ号博物館。写真に収まりきらないほど
の巨大な船体は驚くほど当時のままで、何百も
の精巧な彫刻も相まって圧巻の迫力でした。

ヴァーサ号博物館 Vasa Museet

住所　Galärvarvsvägen 14, Djurgården,
　　　スウェーデン

アクセス　市内中心部から徒歩20分、自転車10
　　　　分、その他バス・メトロ・フェリー・タクシー
　　　　などでもアクセス可。

開館時間　9〜5月は10〜17時（水曜のみ20時まで）、
　　　　6〜8月は8時半〜18時（要確認）

料金　大人2000〜3000円（季節によって変動あり）、
　　　18歳以下無料

メモ　公式サイトや音声ガイダンスに
　　　は日本語版もあります。

◁◁◁◁◁◁◁◁◁◁◁◁◁◁◁◁◁◁

エストニア
ESTONIA

バルト三国の一つ、エストニア。
正直、日本ではあまり耳にすることがない
穴場スポットですが、昔ながらの建造物が
多く残る、異国情緒あふれる素敵な街でした。
特に世界遺産でもあるタリン旧市街は
絶景や観光スポットに限らず、
建築物などの細かい部分まで美しく壮観。
「おとぎ話の世界」という言葉がよく似合う街でした。

窓を開けると、
すぐそこにクリスマス。

タリン旧市街にある旧市庁舎（ラエコヤ広場）。
レストランの窓を開けると、ちょうど大きなクリス
マスツリーが見え、ホリデイ感あふれる1枚にな
りました。積極的に撮影に協力してくれたお店
はもちろん、帰り際にこちらにやって来てケーキ
やシャンパンの位置を微調整してくれたお客さ
んのおばあちゃん2人組にも感謝しています。
お店の方に見守られながら、おばあちゃんたち
との撮影大会を楽しみました。

タリン旧市街
Historic Centre（Old Town）of Tallinn

アクセス　タリン国際空港から旧市街入口 Viru ま
　　　　　でバスで25分（2番・2ユーロ）、トラムで
　　　　　25分（4番／1.5ユーロ）、タクシーで10
　　　　　分（配車アプリ Bolt や Uber で10
　　　　　ユーロ前後）

▷▷▷▷▷▷▷▷▷▷▷▷▷▷▷▷▷▷▷

info ————

時差　　−7時間

通貨　　ユーロ（1€＝約161.9円）

公用語　エストニア語

map

タリン

冬のタリン旧市街を望む
最強のランチ

首都タリンにあるホテルで、街を眺めて
ランチ。お部屋からの景色がとても素敵
でした。タリン旧市街を見渡せ、旧市街
の入り口にあるヴィル門まで徒歩10分と
いう最強の立地にあり、素敵な週末を過
ごせました。

ラディソン コレクション ホテル タリン
Radisson Collection Hotel, Tallinn

住所　Rävala Street 3, 10143 Tallinn,
　　　エストニア

アクセス　タリン旧市街から徒歩16分

おとぎの国に迷い込む

タリン旧市街を眺めることができる、
パットクリ展望台から撮影。雪化粧を
した旧市街がとても美しかったです。

パットクリ展望台
Patkuli Viewing Platform

住所　Rahukohtu 5, 10130
　　　Tallinn, エストニア

アクセス　タリン旧市街から徒歩10分

営業時間　24時間

料金　無料

メモ　階段が急なので、冬
　　　場は転倒に注意。

城壁から眺める幻想的な雪景色

旧市街南東のヴィル門近くにある城壁から撮影。日中はヘレマン塔から城壁に登り、回廊を歩きながら旧市街の景色を楽しむことができます。塔もてっぺんまで登れて、この時期は雪で白に染まったタリン旧市街を一望できました。

タリン旧市街で
素敵な路地を見つけました

タリン旧市街の聖カタリーナ通り（St. Catherine's Passage）。ファンタジー感あふれる石造りのアーチや美しい石畳、そして街灯の柔らかい光や通りから見えるとんがり屋根など、素敵要素が詰まっていました。タリン旧市街でも、個人的に1番好きな路地です。

聖カタリーナ通り
St. Catherine's Passage

住所　Vene 12, Tallinn,
　　　エストニア

旧市街の門が異世界へと
続いているようだった。

タリン旧市街の玄関口の一つでもあるヴィル門（東門）から、ラエコヤ広場へと続く素敵な目抜き通り。

ヴィル門 Viru Gate

住所　Viru tänav, 10140
　　　Tallinn, エストニア

夜明け前のタリン旧市街

タリン旧市街にあるMüürivahe Tänavという城壁沿いの通り。城壁に沿ってニット製品の露店が並ぶ「セーターの壁」と呼ばれるエリアで、旧市街でもおすすめエリアの一つです。

ムーリヴァヘ通り
Müürivahe Tänav

住所　Müürivahe Tänav, 10140
　　　Tallinn, エストニア

クリスマスのタリン旧市街

冬のタリン旧市街を歩いていると、
素敵なクリスマス風景に出会うこと
ができます。まるで絵本を1ページ
ずつめくっているかのような感覚に。

タリン旧市街、おとぎ話の世界すぎる。

聖オラフ教会の展望台から撮影した旧市街。かつてオラフという巨人
が建てたとされる巨大な塔があるこの教会は、16世紀頃には世界一
の高さを誇っていました。現在でも旧市街内で一番高い場所となって
います。人がすれ違うのもやっとの狭い階段をひたすら登ると、まるで
おとぎ話の世界のようなタリン旧市街を一望することができます。

聖オラフ教会
Oleviste Kirik

住所　Lai 50, 10133 Tallinn,
　　　エストニア

水溜まりの中の世界

実はこの写真、元の景色と上下逆さま。大きく写っている建物たちは、水溜まりに浮かぶ風景なのです。ぜひ反転させて見てみてください。撮影場所はタリン旧市街にあるヴィル通り。前日の夜に雨が降ったので、次の日の早朝に水溜まりを探しながら散歩していたところ、完璧な位置で水溜まりを見つけたので、その中を撮ってみました。

世界の可愛い扉

エストニアの首都タリンにある旧市街で見つけた、可愛らしい扉たち。

歴史ある街ならではの一つひとつ個性がある扉は、絵本に出てきそう。

雪降るタリンの
街の扉は
どれも重厚そうに
見えます！

オランダ
NETHERLANDS

オランダでは、日中は人気の観光スポットも、
夜はそこまで人も多くなく、快適に過ごせました。
首都アムステルダムの運河は「北のヴェネツィア」とも呼ばれており、
街中に張り巡らされた運河とその両岸の街並みは絵画のようでした。
また、長年の夢でもあった
チューリップ畑も見ることができました。
道中では風車や建物などにも寄り道しながら
美しいオランダの街を楽しんだ記録です。

120-121

info —————————

時差　　-8時間

通貨　　ユーロ（1€＝約161.9円）

公用語　オランダ語

map —————————

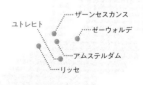

ユトレヒト　　　ザーンセスカンス
　　　　　　　　　　　　ゼーウォルデ
　　　　　　　　アムステルダム
　　　　リッセ

歴史ある大きな風車

オランダといえば風車のイメージがある方も多いのではないでしょうか。こちらのザーンセスカンスという風車村には元々600基以上の風車がありましたが、時代の流れとともにその数も少なくなってしまったそうです。歴史ある風車の佇まいは見惚れるほど美しく、曇り空でさらに荘厳な雰囲気が出ていました。同じエリアにある可愛らしい建物も天気のせいか怪しげな雰囲気を醸し出していましたが、中身はチーズ工場という可愛らしいギャップも堪りません。

ザーンセスカンス dezaanseschans

アクセス　アムステルダム中央駅から電車で17分

入場料　無料（施設への入場は有料）

メモ　風車の中に入れたり、素敵なチーズ工場があったり、同じエリアにオランダ伝統の木靴「クロンペン」の工場があったりと、充実した時間を過ごせます。

夜のアムステルダムで見つけた
幻想的な水鏡

夜のアムステルダムのミュージアム広場です。薄く張った水にチューリップが浮かび、奥には国立美術館が見えました。ここは冬にはスケートリンクになるそうで、そちらの景色もまた気になります。

ミュージアム広場 Museumplein

住所　Museumplein 1079 RA Amsterdam,
　　　オランダ

アクセス　地下鉄 Vijzelgracht 駅から徒歩 11 分

メモ　国立美術館も楽しみたい方は、ネットでの事前予約がおすすめ。

◁◁◁◁◁◁◁◁◁◁◁◁◁◁◁◁◁

優しく照らされた
アムステルダムの運河

夜の散歩がてら、スタールメーステルス橋に行って来ました。アムステルダムでは橋に番号が振られており、この橋は 227 番橋とも呼ばれています。2010 年に世界遺産に登録されたアムステルダムの運河には様々な絶景ポイントがありますが、個人的にはここからの眺めが最も好みです。

スタールメーステルス橋（227 番橋）
Staalmeestersbrug

住所　Groenburgwal, 1011 HS
　　　Amsterdam, オランダ

アクセス　De L'Europe Amsterdam (P125)
　　　　　から徒歩 3 分

メモ　昼の景色も素敵ですが、両岸に街灯が灯る夜から早朝までの時間帯がおすすめです。

▷▷▷▷▷▷▷▷▷▷▷▷▷▷▷▷

運河に浮かぶ不夜城

De L'Europe Amsterdamというホテル。運河を挟んで対岸から見る不夜城のような景色が、とても幻想的です。宿泊者専用と思われるボートの船着場があり、そこからレストランへ入っていく様子がとてもロマンチックでした。

ドゥルーロップ アムステルダム
De L'Europe Amsterdam

住所　Nieuwe Doelenstraat 2-14
　　　Amsterdam, オランダ

アクセス　アムステルダム中央駅から徒歩16分

メモ　宿泊は見送りましたが、気になる方はぜひ調べてみてください。

ぜひ足を運んでほしい街

オランダといえばチューリップ。チューリップの生産地リッセでは、偶然知り合った地元のおじさんにおすすめスポットを案内してもらいました。案内してもらっている時、おじさんがぽろっと「日本の方々にもっとリッセに来てほしい」とこぼし、笑顔で案内してくれる彼の背景にある、コロナの影響での観光客激減という問題を考えると切なくなりました。みなさんも海外旅行を考えられるようになったら、少しだけリッセのことも思い出してもらえると嬉しいです。ちなみに、案内してもらったお礼をさせてほしいという申し出には、「君たちが楽しそうにしてくれていただけで十分だよ」とめちゃくちゃ紳士な対応をされ、さらにリッセに惚れました。

挨拶しているような
チューリップ

チューリップ エクスペリエンス ア
ムステルダムというチューリップ農
場で、まるで挨拶してくれているか
のような赤いチューリップに出会い
ました。事前予約もできる家族経
営の農場で、咲き誇るチューリップ
を間近で見学することができます。

チューリップ エクスペリエンス アムステルダム
Tulip Experience Amsterdam

住所　Delfweg 37, 2211 VK Noordwijkerhout, オランダ

アクセス　リッセ中心地から自転車で15分

入場料　9.5ユーロ（予約可）

メモ　施設内にはカフェも併設されています。

注意事項　基本的にチューリップ畑は私有地なので許可なく立ち入るこ
とはできません。また予約や許可をとっても、農家の方
へのリスペクトを忘れずに、花には絶対触れないなど
細心の注意を払って見学しましょう。

リッセで購入したチューリップの花束、
あまりにも最強（20本入、約590円）

夫婦でリッセの街を散歩中、たまたま見つけたお店で購入した花束。リッセは、ヨーロッパの庭として有名なキューケンホフ公園はもちろんのこと、観光客がいない住宅街のような場所まで、街中が本当に美しい空間でした。

チューリップを購入したお店の店員さんが当たり前のように「素敵な1日を」と声を掛けてくれたり、事前予約制のチューリップ畑では帰り際に1人5本ずつチューリップがもらえたり。ホテル近く

にあるレストランの自転車のカゴをお借りして、チューリップの花束の記念撮影をしていたら、レストランの方たちの記念撮影も頼まれ、データをお渡しするととても喜んでもらえて。ホテルをチェックアウトする時でもまだ元気だったチューリップは、お世話になったレセプションの方が「可愛い！」と連呼しながらもらってくれました。人との出会いもたくさんあり、心暖まる滞在になった街です。

自転車に乗る女の子の髪の毛が
ちゃんと重力に従っていたり、雑
誌や新聞が立てかけられていたり
と、細かい遊び心が素敵でした。

オランダで見つけたグリム童話の世界

アムステルダムから車で1時間弱の郊外にある
Hans & Grietjeというパンケーキ屋さん。ヘンゼル
とグレーテルがテーマで、童心にかえることができ
る素敵なお店です。店員さんおすすめのブルド
ポークパンケーキの味は最高でした。店内は遊び
心が満載。天井があまりに精巧にデザインされて
いたので、右の写真は撮影後に写真を上下反転

させてみました。ぜひ本を上下逆にして、元の景
色を見てみてください。

ヘンゼルとグレーテル Hans & Grietje

住所　Sternweg 2A, 3898 LJ Zeewolde,
　　　オランダ

ユトレヒトで見つけた
世界一可愛い信号

ミッフィーの生まれ故郷でもある、
ユトレヒトに行ってきました。この
可愛らしい信号は、世界に一つ
だけのミッフィー信号だそうです。信号以外に
もユトレヒトにはいろんな場所に隠れミッフィー
がいて、地元の方があっちにもあるよと教えて
くださり、とても癒やされる時間でした。オラン
ダを訪れる機会があれば、ユトレヒトでの隠
れミッフィー探しもぜひ。ちなみにミッフィーは
英語版の名前で、オランダ語の本名はナイン
チェ、うさこちゃん的な意味だそうです。

ユトレヒト Utrecht

アクセス ミッフィー信号はオランダの老舗
デパート デ・バイエンコルフ（de
Bijenkorf Utrecht）の前にある
横断歩道で見ることができます。

撮影ヒント 個人的には夜の雰囲気がと
ても好きでした。

メモ レインボーカラーの横断歩道も可
 愛いので、そちらも楽しみたい
場合は明るいうちに訪れるの
がいいかもしれません。

リトアニア
LITHUANIA

バルト三国の一つ、リトアニア。
世界遺産の旧市街がある首都ヴィリニュスには
オレンジ屋根が可愛らしい歴史的建造物が立ち並び、
まるで中世に舞い戻ったかと錯覚させるような
スポットがたくさんありました。
ヨーロッパの中でも旧市街が最大級の規模で
残っていることで知られているそうです。
2度の訪問で、お気に入りの街になりました。

134-135

旧市街にある聖霊教会が
息を呑む美しさだった

リトアニアのヴィリニュス旧市街にある聖霊教会
(Orthodox Church of the Holy Spirit) です。光
が差し込む時間帯、緑のイコノスタシスが美し
く、まるで時が止まったような感覚になりました。

聖霊教会
Orthodox Church of the Holy Spirit

住所　Ausros Vartu 10, Vilnius, リトアニア

営業時間　7:00〜19:30（要確認）

注意　事前に電話および現地で問い合わせたとこ
　　　ろ、写真撮影は可能、フラッシュおよび動画
　　　撮影は禁止とのことでした。行事や礼拝の
　　　時間など、場合によっては異なることもあると
　　　思うので、訪れる際は要確認です。

メモ　複数あるヴィリニュスの聖霊教会のうち、ロシ
　　　ア正教の教会となりますので、上
　　　記住所を参照ください。

info ─────────

時差　-7時間

通貨　ユーロ（1€＝約161.9円）

公用語　リトアニア語

map ─────────

ヴィリニュス

雪のように白い教会が
息を呑む美しさだった

ヴィリニュス歴史地区にある聖ペテロ
＆パウロ教会です。30年の年月を
費やして作られた、壁から天井まで
覆い尽くすような彫刻の数々が、息
を呑む美しさでした。イタリアから招い
た職人と地元の職人によって建設さ
れ、2000以上の漆喰彫刻が施され
ているそうです。

聖ペテロ＆パウロ教会
Vilniaus Šv. apaštalų Petro ir Povilo bažnyčia

住所 Assenova Mahala, Veliko Tarnovo, リトアニア

営業時間 9:00〜18:00（休業日要確認）

アクセス ヴィリニュス旧市街中心地からタクシーで10分、徒歩30分

撮影ヒント 明るいうちに訪れると美しい白の内装が楽しめ、暗くなっ
てからはオレンジにライトアップされた内装が楽しめます。

メモ 入場料は特にありませんが、訪れた時は外装を改装中だった
ので、改装費として気持ちをお渡ししてきました（2022年
12月訪問）。

雪のリトアニアを冒険してきました

雪景色のリトアニア巡りで運転してくれた方がまさかの同い年で、後々家族を紹介してくれたり、おうちに招待してくれたりと、とても楽しいロードトリップになりました。人との出会いに関してはかなりの豪運を自負していましたが、今回もまた最高の巡り合わせでした。

世界の可愛い扉

▷▷▷▷▷▷▷▷▷▷▷▷▷▷▷ リトアニア編 ◁◁◁◁◁◁◁◁◁◁◁◁◁◁◁

冬の旧市街ではちょうどクリスマスデコレーションの
コンテストが行われていて、街中のホテルやカフェ、レストランが
可愛らしい飾りに包まれていました。個性的なカフェやショップなども多く、
散策が楽しいヴィリニュスの街で見つけた扉飾りです。

撮影ヒント　夕暮れ以降に訪れると、点灯
　　　　　されたイルミネーションがとても
　　　　　美しいです。

メモ　冬は雪が降ってとても寒いので防寒
　　　は必須で、特に靴は雪でも濡れな
　　　いものがあると快適です。

トルコ
TURKEY

トルコランプや夕暮れのモスクが醸し出す
千夜一夜物語の世界観、
そして猫の街イスタンブールなど、
絶対に私たちが大好きな世界観だろうなと
行く前から確信していた国、トルコ。
そしてその確信は間違いなく、
時間が全然足りないほど圧倒的な魅力であふれていました。
異国情緒、ここにあります。
今回はそんなトルコから
イスタンブールとカッパドキアをご紹介します。

猫の街イスタンブールで見かけた、
物語のようなワンシーン

猫の街とも呼ばれているイスタンブール。猫好き
の方には堪らない街だと思います。三角屋根が
特徴的なガラタ塔周辺の路地には猫がたくさん
いて、ガラタ塔を背景に猫が路地を横切ってい
る素敵なシーンを収めることができました。レスト
ランの席や売り物の本の上などに我が物顔で
座っている猫たちには、笑顔と癒やしをもらうこ
とができます。

ガラタ塔 Galata Kulesi

住所　Bereketzade, Galata Kulesi, Beyoglu,
　　　Istanbul, トルコ

アクセス　地下鉄 Sishane 駅、または
　　　　Tunel 駅から徒歩5分

info ————————

時差　　−6時間

通貨　　トルコリラ（1TRY＝約4.87円）

公用語　トルコ語

map ————————

········ イスタンブール

········ ギョレメ

イスタンブールで見つけた息を呑む夕景

ガラタ橋から望遠レンズで撮影しました。夕暮れ時や
朝方のイスタンブールは言葉が出てこないくらい美しく、
まさに異国情緒という言葉がぴったりの景色でした。こ
の橋からは、世界遺産にも登録されている旧市街の街
並みや、イスタンブールのランドマークでもあるガラタ塔
などを眺めることができます。個人的には写真のような
夕暮れ時の景色が好みですが、もう少し暗くなってモス
クがライトアップされていく時間帯も最高に綺麗でした。

ガラタ橋 Galata Koprusu

住所　　Hoca Kasim Koprusu Sok., Istanbul, トルコ

アクセス　トラムのT1号線で旧市街側ならEminönü駅、
　　　　　新市街側ならKaraköy駅が最寄り

注意事項　旧市街と新市街を結んで金角湾に架かる両開
　　　　　き式の跳開橋で、全長490m、幅42m。上層
　　　　　と下層の2層式になっており、上層は車道と歩
　　　　　道、下層はレストランが立ち並びます。左右それ
　　　　　ぞれに2層の歩道があるので、渡る際はどの方
　　　　　角から何を見たいのか決めてから渡りましょう。

メモ　　下層にはイスタンブールが誇るB級グルメ「サバサン
　　　　ド」などをはじめとした魚料理のレストラン
　　　　があります。

カッパドキアで迎えた夜が
最高すぎた

ギョレメにある展望台に夜景を見に
行ってみました。ブルーアワーと呼ばれ
る、日の入り直後の時間帯は壮観。い
くつもの洞窟ホテルが見えたり、カッパ
ドキアの代名詞で「妖精の煙突」と呼
ばれる円錐形の岩々を見渡せたりと最
高の場所です。ちなみに、朝はここから
気球を見ることもできます。

ギョレメにある展望台

住所　50180 Göreme/Nevşehir Merkez/Nevşehir, トルコ
　　　＊地図アプリで「Sunset/Sunrise/Balloons Highest View point
　　　in Göreme」を検索してください。比較的街のどこからでも見える
　　　高台の大きなトルコ国旗を目指せば着きます。

営業時間　特になし

入場料　1人約55円

　メモ　夜はかなり暗くなります。朝は野犬もいるので
　　　　　　　注意。

カッパドキアで見つけた特等席に
先客がいました。

P146の場所から少し先に進んだところに、絶景ス
ポットを見つけました。開けた場所で気持ちのよい
景色を眺めることができます。日の出の時間帯に
はこちらに気球を見に来る人も多いので、展望台
に向かえば比較的すぐ見つけられると思います。

カッパドキアで迎えた最高の朝

妻が見つけてくれたギョレメにある洞窟ホテル。ギョレメは
カッパドキアの観光拠点となる街で、日の出の時間帯に
上空を飛ぶ気球は素晴らしいものでした。また、昼過ぎか
ら夜にかけては同じスペースがバーになるので、美しい景
色を見ながらビールをいただくことができます。

スルタン ケーヴ スイーツ Sultan Cave Suites

住所　Aydınlı Mah, Cappadocia Nevşehir
　　　TR, Çakmaklı Sk. No:40, 50180, トルコ

▷▷▷▷▷▷▷▷▷▷▷▷▷▷▷▷▷▷▷▷▷▷▷▷

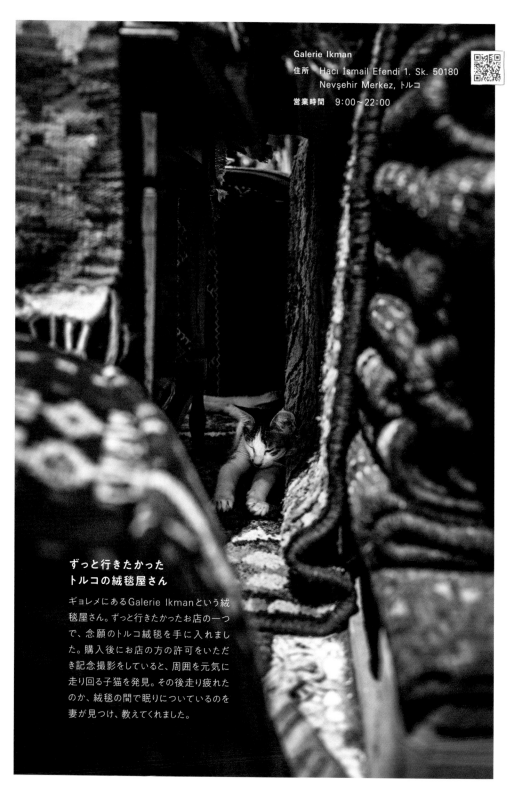

Galerie Ikman

住所 Hacı İsmail Efendi 1. Sk. 50180
Nevşehir Merkez, トルコ

営業時間 9:00～22:00

ずっと行きたかった
トルコの絨毯屋さん

ギョレメにあるGalerie Ikmanという絨
毯屋さん。ずっと行きたかったお店の一つ
で、念願のトルコ絨毯を手に入れまし
た。購入後にお店の方の許可をいただ
き記念撮影をしていると、周囲を元気に
走り回る子猫を発見。その後走り疲れた
のか、絨毯の間で眠りについているのを
妻が見つけ、教えてくれました。

Milli Sk.

住所　50180 Göreme/
Nevşehir Merkez/
Nevşehir,
トルコ

▷▷▷▷▷▷▷▷▷▷

カッパドキアの街角で、
トルコ絨毯がよく似合う子に
出会いました。

街中を出歩くたびに、いろんな猫たちに会う
ことができます。これはギョレメにあるMilli
Sk.という通りで撮影。絨毯が飾られてい
るかは、時期によって異なりそうです。

イスタンブールで見つけた
千夜一夜物語の世界

イスタンブールにあるTaht Istanbulという写真スタジオ。いろいろなコンセプトのスタジオが7つあります。基本的にはプロのカメラマンに撮影をお願いすることになりますが、複数人で利用する際はソロの時間もあるので、左の写真のように家族、恋人、友人を自分で撮影することもできます。スマホをスタッフの方に預けるとショート動画を撮ってくれたり、衣装直しもしてくれたりして、妻のソロの時間帯には気づけば自分も含めて最大5人体制で撮影していました。

タハト イスタンブール Taht Istanbul

住所　Süleymaniye Mah. Siyavuşpaşa Sok. Kurtel İş Hanı, No:14 D:301, 34116 Fatih/İstanbul, トルコ

営業時間　7:30〜18:30（要確認）

料金　コースにより異なりますが、フルセットの場合（7つのスタジオすべてで撮影＋写真データ400枚＋編集写真10枚＋各スタジオでのショート動画）は1人1万2000円〜。

メモ　事前予約可能

▷▷▷▷▷▷▷▷▷▷▷▷▷▷▷▷▷▷▷▷▷▷

台湾
TAIWAN

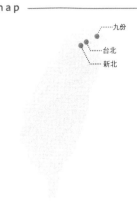

夜の街に人々の生活を感じることができる灯火を
見るのが好きになってからというもの
ずっと行ってみたかった台湾。
どこか親しみやすく、懐かしい雰囲気を
感じることができる夜の台湾は最高の一言でした。
特に好きだった台北、新北、九份の写真を紹介したいと思います。
ちなみに写真には残していませんが、
有名店から地元の方々しか知らないようなローカル店まで
食事もかなり楽しむことができました。

レトロサイバー都市、台北

台北のとある路地で撮影。厳密には松仁路
253巷1弄という通りで、台湾を代表するランド
マークの台北101も見えます。レトロな路地から
眺める近未来的な建造物は、サイバーパンク
な雰囲気を醸し出していました。

住所 台湾台北市松仁路253巷1弄

アクセス 台北101から徒歩15分

撮影ヒント 夕暮れ後、台北101がライトアップされ
てから閉店の21：30（金土は22:00）まで
がおすすめです。

メモ 知っている人は知っている場所なので、他の
方の撮影を待つことも。余裕を
持って訪れるのがおすすめです。

info

時差 −1時間

通貨 台湾ドル（1TWD＝約4.77円）

公用語 中国語

map

九份
台北
新北

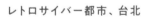

夜になると本気を出す台湾の寺院

新北市三重区にある義天宮。元々装飾がすごいことで有名な場所ですが、夜景は格別でした。住宅施設、飲食屋台、コンビニなどが並ぶなか、いきなりこの寺院が現れ、生活に溶け込んでいる様子も素敵です。儒教寺院ですが、厳密には提灯にあるように"廟"や、名前にもある通り"宮"と呼ぶようです。猫に会える寺としても有名で、公式ホームページでも写真付きで紹介されています。

義天宮

住所 台湾新北市三重區車路頭街150號

営業時間 7:00～21:30（要確認）

アクセス 三重國中駅から徒歩3分

メモ 参拝者に迷惑がかからないよう、台湾のお寺や廟について下調べをした上で訪れるのがおすすめです。

やっぱり夜になると本気を出す台湾の寺院

こちらは台北にある松山慈祐宮。1753年に創設された歴史ある媽祖（まそ）を祀った廟で、6階建ての大迫力でありながら、2匹の龍や福禄寿の三仙人など細部まで美しい。すぐ隣で饒河街（ギョウカガイ）観光夜市（カンコウヨイチ）もやっているので、ぜひ煌びやかな夜にも訪れてみてほしい場所の一つです。

松山慈祐宮
ソンシャンツーヨウコン

住所 台湾台北市松山區八德路四段761號

アクセス 松山駅から徒歩3分

営業時間 5:30～22:30（要確認）

赤提灯とレトロな街並み

赤提灯がフォトジェニックな街、九份。世界的アニメ映画のモデル地ともいわれており、どこか親しみやすさと懐かしさを覚えるような雰囲気です。日中は街の猫たちと戯れ、屋台で食べ歩きを楽しみました。夕暮れ後に赤提灯が灯り始めると、一気に街の雰囲気が変わります。台北からの日帰りもいいですが、おすすめは九份に宿をとって好きなだけ夜の街を歩き回ること。昼の姿からは想像できない異世界が広がっています。

左の写真の画角での九份の街並みは、海悦楼茶坊というレストランから見ることができます。コース料理と台湾ビールをいただいたのですが最高においしかったです。景色はレストラン周辺からでも見えますが、レストランで席をとると高さのある上から眺めることができます。夕暮れ後の時間帯は人気なので、事前予約がおすすめです。

海悦楼茶坊

住所　台湾新北市瑞芳區豎崎路
　　　31號

営業時間　9:00〜21:00

▷▷▷▷▷▷▷▷▷▷▷▷

旅先で手に入れたお気に入り

世界各地で購入してきた思い出の品たち。
その中でも特にお気に入りのアイテムをご紹介します。

ラトビア

マグネット

ラトビアに限らず、世界中の
マグネットをコレクションして
います。部屋に飾っては懐か
しんでいます。

ぬいぐるみ

ふと立ち寄ったリガのぬいぐる
み屋さんで出会ったもの。ミッ
フィーのぬいぐるみと同じく、世
界中を一緒に旅しています。

スウェーデン

ヴァイキングの人形

ストックホルムのお土産物屋
さんで見かけて一目惚れし、
購入しました。

トルコ

ネックレス

気球の形をしたネックレス
で、左は光の入り方で色が
変わるズルタナイトという石
が使われています。

絨毯

カッパドキアにある憧れの絨
毯屋さんで、絨毯を購入し
ました。現品の写真はないの
で、その絨毯屋さんで撮影
した一枚をどうぞ。

台湾

夜市の景品

台北の饒河街観光夜市に
行った際に、射的の景品とし
て手に入れたものです。可愛
くてお気に入り。

SOUVENIRS

生命の鍵

古代エジプトの永遠の生命の象徴であるアンク。ずっと探していたものの一つです。子どもの頃に遊んでいたカードゲームに出てくる形と同じなので、テンションがあがります。

魔法のランプ

10か月以上ランプを探して、エジプトを去る間際、ついに理想のものに出会えました。お気に入りの市場にあるカフェで記念撮影。

ランプ各種

ハーン・ハリーリ市場の雰囲気がとても好きで、何度も通っているうちに夫婦ともに購入したランプの数も増えていきました。

オランダ

おまけ

ミントキャンディー

オランダ王室御用達のウィルヘルミナのミントキャンディー。立ち寄ったレストランで食後に出されて以来ぞっこんです。妻がスーパーで見つけてくれて爆買いしました。

ミッフィーのぬいぐるみ

オランダで購入して以来、行く先々に連れて行っては妻が記念撮影をしています。

結婚指輪

京都で手作りした結婚指輪とそのケース。世界中に持って行っては、記念撮影をしています。

旅のもう一つのテーマ

P43でも触れましたが、私たち夫婦が旅をする際の裏テーマとして、安住の地探しというものがあります。2人で行ったことがない場所を行き先として選ぶことが多いのですが、例えばモンテネグロのコトルなどは2回訪れています。

猫がたくさんいて、ごはんもおいしく、海や山などの自然も美しい。とても魅力的な街で、夫婦ともに大好きな場所の一つです。ただ山道が多く車酔いしてしまうので、候補からは外れてしまいましたが、安住の地として今のところ一番理想に近かった場所でもあります。

「ここに"本当に"住んだらどうなるだろうか」という視点で旅をすると、また違った面白さやリアルが見えてきます。旅にテーマを持ちたいという方には、おすすめテーマの一つです。

THEME

旅先で使えるアプリ

旅する際に実際に私たちが
使用している役立つアプリを
ご紹介します。

Google Maps

方向音痴なので、マイマップやリスト
に重要スポットを事前に登録していま
す。ストリートビューで、よくある写真
構図の詳しい場所なども事前に確認
しています。オフライン機能もあるの
で、通信手段が限られる現地でも大
活躍。

Lightroom

スマホで撮った写真はこのアプリでさ
くっと編集して、インスタグラムのストー
リーなどにアップしています。また、同
アプリ内のカメラ機能も優秀です。

WhatsApp

日本でのLINEのような役割で、現地
の方々との細かなやり取りなどに使用
しています。

Google 翻訳

現地での許可取りで主に使用しま
す。事前にダウンロードしておけば、オ
フラインでも使用可。カメラを使ってメ
ニューや案内なども翻訳することがで
きます。

サン・サーベイヤー

結構な数の都市や街で、場所ごとの
太陽や月の動きを時間別に予測でき
るアプリ。撮影の計画を立てるのに重
宝しています。

タクシーアプリ

行き先で使えるUberやBoltなどを
事前に使えるようにしておいて、現
地で乗り場を探したり値段交渉した
りする時間を短縮しています。

APPLICATIONS

あとがき

国際機関に勤めていると、心に重くのしかかるような過酷な現実を目の当たりにすることが度々あります。戦争、飢餓、貧困など、自分たちには大きすぎる問題に直面すると目をつむりたくなりますし、世界を諦めたくなることだってもちろんあります。たまに帰る日本でも、見聞きする世界のニュースは悲しいものがどうしても多いです。どこか遠くの知らない場所のことのように感じることもあります。

そこでふと思ったのが、様々な国や地域を知るきっかけが悲しい側面からばかりでいいのだろうかということです。「なんだか危なそう」「なんだか怖そう」、そんな風に自分たちや次の世代に世界を見てほ

しいかということです。悲しいニュースからではなく、温かい物語や美しい景色から世界やそこで暮らす人々を知ることができたら、きっと世界はもっと鮮やかになると思い、行く先々で写真を撮ってSNSでみなさんと共有するようになりました。私たち夫婦が休暇中に心底楽しんでいる様子や感動している様子とともに、本書がみなさんにとってポジティブな角度から世界を見るきっかけの一つになれたら光栄です。本書を手に取っていただき、そして最後まで読んでいただき本当にありがとうございました。

まるたび夫婦

国際機関職員の夫婦が
暮らしと旅で見つけた
本当の美しさと豊かさ

僕らの世界の歩き方

まるたび夫婦の休暇 著

2024年4月2日　初版発行

デザイン
廣田 萌、游 瑪萱（文京図案室）

イラスト
みやしたゆみ

校正
聚珍社

編集
安田 遥（ワニブックス）

発行者　横内正昭
編集人　青柳有紀
発行所　株式会社ワニブックス
　　　　〒150-8482 東京都渋谷区恵比寿4-4-9 えびす大黒ビル
　　　　ワニブックスHP　https://www.wani.co.jp/
　　　　（お問い合わせはメールで受け付けております。
　　　　HPより「お問い合わせ」へお進みください）
　　　　＊内容によりましてはお答えできない場合がございます。

印刷所　TOPPAN株式会社
DTP　　株式会社オノ・エーワン
製本所　ナショナル製本

＊本書に掲載されている情報は2024年3月現在のものです。
スポット、レートなどの情報は変更となる場合がございます。